L'EUROPE EST EN ALARMES,

QUE FAUT-IL FAIRE POUR LA CALMER?

IMPRIMERIE DE CARPENTIER-MÉRICOURT,
RUE TRAINÉE-SAINT-EUSTACHE, N. 15.

L'Europe est en alarmes,

Que faut-il faire pour la calmer!

OU LE

CONGRÈS BIENFAISANT.

Par P. B. M.

Justitia et pax osculatæ sunt.
Ps.

Aliquid et de tuo profer.
HOR.

AU PROFIT DES GRECS.

PRIX : 75 CENT.

PARIS,
A. LEROUX ET CONSTANT-CHANTPIE,
PALAIS-ROYAL, GALERIE DE BOIS, N°
MAI 1826.

L'EUROPE EST EN ALARMES,

QUE FAUT-IL FAIRE POUR LA CALMER?

OU

LE CONGRÈS BIENFAISANT.

La politique se rattachant de nos jours aux intérêts les plus intimes et les plus chers des nations comme des individus, est devenue depuis quelque temps une passion presque générale et un véritable besoin pour toutes les classes qui constituent l'ordre social. On ne s'étonnera plus dès lors du grand nombre d'ouvrages qui paraissent chaque jour, concernant cette branche des connaissances humaines; mais c'est surtout de la politique intérieure des États, en tant qu'elle se lie à l'établissement et au maintien des libertés publiques, ainsi qu'aux intérêts religieux, industriels et scientifiques, que la plupart de ces productions s'occupent et aiment à entretenir le public; rarement on en voit de celles qui traitent de la politique générale ou diplomatique sous le point de vue de la paix universelle et de l'équilibre qui en est le garant. Nous allons essayer d'appeler l'attention des lecteurs sur cette partie de haute politique, dont il est aisé d'apprécier l'importance dans le moment présent.

On parle de la prochaine réunion, dans une ville de la Pologne, d'un grand congrès diplomatique européen, à l'objet de régler les affaires de l'Orient et bien d'autres encore. On suppose qu'on s'y occupera aussi des moyens de donner à la politique européenne une base plus large et par conséquent plus solide, et de rétablir en même temps ce système d'équilibre que la création mystique de la Sainte-Alliance avait brisé, et qui pouvait, mieux que n'a fait la suprématie de trois ou quatre puissances, escortée par la censure et les gendarmes, assurer et consolider l'indépendance, et par là la tranquillité des Etats grands et petits dont se compose la confédération européenne.

Si ces bruits sont fondés, nous croyons qu'il ne serait peut-être pas inutile maintenant, ni déplacé, de la part de tout homme pour qui la paix et une sage liberté pour tous les peuples auraient des attraits, de présenter au public, en abrégé, quelques idées analogues aux grands objets dont le prochain congrès va s'occuper, et, en disposant ainsi les esprits, faciliter à l'opinion les moyens de se fixer, et ensuite de se développer, et de se prononcer de manière à préparer le succès le plus conforme aux vœux et aux intérêts généraux.

L'auteur serait trop heureux si le modeste tribut qu'il ose offrir au public pouvait mériter d'attirer aussi un instant l'attention des suprêmes régulateurs des destinées des peuples, et lui valoir en même temps un sourire et un régard compatissant de sa patrie bien aimée, dont il ne lui est point permis d'approcher.

Quelques feuilles publiques ont déjà mis en avant des vues et hasardé des projets relativement à la pacification de la Turquie; nous pensons que ces idées sont incomplètes et en même temps d'une exécution difficile. Le mal dont l'Europe est affligée et la fièvre qui la travaille viennent de bien plus loin que de la Turquie et de la Grèce; c'est au congrès de Vienne qu'il faut l'attribuer, c'est là qu'il faut le chercher, et ce sont les dispositions de ce congrès qu'il est urgent d'annuler et de rectifier, surtout pour ce qui concerne l'Italie, qu'il a livrée pieds et mains liés à l'Autriche, sans aucune compensation, en ôtant à la France la coopération à laquelle elle est naturellement appelée dans la protection et la garantie de l'indépendance italienne.

Voici par quels moyens faciles on pourrait maintenant, selon nous, parvenir à rétablir cet équilibre politique si généralement regretté, et sans lequel la tranquillité ne sera jamais que le résultat de la contrainte, et partant fausse et précaire.

L'état évident de dissolution où se trouve l'empire ottoman, rendant son existence chaque jour plus incertaine et plus éphémère, ne permet plus de le compter, ni comme élément actif, ni comme contre-poids dans le système général qui doit régir désormais la politique diplomatique d'Europe; c'est un membre paralysé et gangrené qu'on ne saurait trop se hâter de couper et de séparer du reste du corps; l'anarchie est la peste, c'est tout ce qu'il peut offrir à ses voisins; d'ailleurs sa conduite atroce envers la noble Grèce, et les deux principautés de Moldavie et de Valachie, conduite contraire à la fois aux traités, au droit des gens et à l'humanité, l'ont mis en dehors des nations civilisées, et privé de tout droit à l'appui et aux égards de ces dernières, et quant à sa légitimité, on sait actuellement à quoi s'en tenir. Le temps serait donc arrivé où l'Europe chrétienne pourrait, sans danger, et sans violer les droits de la justice ni ceux de l'humanité, repousser de son sein des barbares qui l'ont trop longtemps fatiguée de leur poids, en mettant souvent en péril sa propre existence.

Partant de là, le partage de la Turquie, au lieu d'être un germe et un principe de discorde, comme on a jusqu'ici affecté de le proclamer, d'après la doctrine du *statu quo*, pourrait devenir au contraire un moyen bien propre à consolider la paix et l'harmonie parmi les puissances qui auraient le bon esprit de l'exécuter.

La question qu'on a cru si embarrassante de savoir ce que l'on fera de Constantinople serait résolue facilement en convenant d'un principe très-simple, celui d'y établir un gouvernement indépendant sous un prince tiré de la maison royale, qui, dans les changemens à faire, aurait des pertes à essuyer et des compensations à réclamer.

Ce principe une fois posé, ce que le nouveau congrès aurait à faire de plus essentiel dans le but de rétablir et de consolider l'équilibre européen, ce serait de proclamer d'abord solennellement la Grèce comme nation indépendante et libre, dans les limites où elle se trouvait anciennement circonscrite, et avec le gouvernement qu'il lui plairait de se choisir, parmi ceux qui sont généralement reconnus comme réguliers; si néanmoins on se décidait pour le système monarchique constitutionnel, nous pensons que le choix de la dynastie et de la personne du monarque ne saurait mieux tomber que sur le brave et infortuné prince grec Alexandre Ypsilanti, victime depuis six ans de son noble dévouement à la sainte cause de sa patrie. Liberté, indépendance, ordre, sûreté, équilibre, tout serait concilié et garanti par un tel choix, indiqué d'ailleurs depuis longtemps par l'opinion générale de l'Europe. Le sort de la Grèce réglé, voici les dispositions ultérieures qu'il importerait d'arrêter pour d'autres Etats: 1° Céder à l'Autriche, en pleine souveraineté, les provinces turques de la Bulgarie, de la Servie, de la Bosnie, Croatie et haute Albanie; ces pays serviraient de compensation pour toutes les provinces que ladite puissance occupe en Italie, et qu'elle serait obligée, et au besoin forcée d'évacuer, de même que pour les deux duchés de Parme et de Modène, auxquels leurs possesseurs actuels renonceraient également pour toujours et définitivement.

2° Lesdites provinces, connues sous le nom de royaume Lombardo-Vénitien, et ces deux duchés seront cédés et incorporés aux Etats de la maison de Savoie, sous le nom de royaume subalpin, dont la capitale serait Milan et Turin alternativement.

3° La maison de Savoie cédera à la France l'île de Sardaigne en pleine souveraineté, pour faire partie intégrante de son territoire, sur le pied de la Corse.

La France sera aussi remise en possession de Landau et des autres districts de l'Alsace qu'on en a détachés en 1815 pour les donner à la Bavière, qui, de son côté, en recevrait une convenable indemnité en argent par la confédération germanique.

4° Le duché de Savoie sera concédé et incorporé à la confédération helvétique, dans les limites tracées par le traité de 1814, qui l'avait assigné à la France, et cette cession se fera en compensation du canton du Tesin et autres districts, que ladite confédération possède au delà des Alpes, et qu'elle céderait à son tour à la maison de Savoie, pour faire partie du royaume subalpin.

5° Constantinople, avec la Roumélie, la Macédoine et les bords du Bosphore en Asie, jusqu'au mont Olympe, formera un royaume indépendant, dont on fera hommage à S. A. le duc de Modène, de la maison d'Este-Autrichienne.

Ce nouveau royaume, qu'on pourrait appeler royaume du Bosphore, serait mis sous la protection et la garantie, contre le Turc, de toute la confédération européenne, qui, en échange, jouirait d'une libre navigation dans tous ses parages, sans paiement d'aucun droit.

6° La Russie aura la Moldavie et la Valachie.

Un tel projet, que les mauvais plaisans et les hommes blasés ou découragés qualifieront peut-être du titre de rêve ou d'utopie, renferme néanmoins évidemment plusieurs avantages sous le point de vue de l'équilibre politique.

Il fait enfin de l'Italie une nation indépendante, ce qui est dans les vœux comme dans l'intérêt de toute l'Europe, la seule Autriche exceptée, et ce qui était déjà aussi dans les plans du grand Henri, plans qui auraient été infailliblement suivis de l'exécution, sans le fer parricide de Ravaillac et les projets contraires de ceux qui l'ont dirigé.

La nation italienne, au reste, cette noble nation, jadis reine du monde, de qui l'Europe a reçu deux fois ses arts, ses sciences et sa civilisation, mérite bien, au moins autant que Saint-Domingue, de jouir de l'indépendance; elle a assez prouvé qu'elle la désire et l'appelle de tous ses vœux, et elle l'a aussi assez chèrement payée.

La maison royale de Savoie a plus que toute autre famille régnante le droit de se dire italienne, et possède conséquemment les titres les plus légitimes pour jouir en Italie de l'importance et même de la prépondérance que son rang et la situation géographique de ses Etats lui concèdent. On connaît d'ailleurs, quant aux duchés de Modène et de Parme, les droits d'éventualité et de réversibilité déjà acquis à son profit sur la succession des princes qui en sont maintenant investis, particulièrement pour ce qui concerne le duché de Parme et de Plaisance.

Bornée de tout côté par les Alpes et la mer, l'Italie, en jouissant de son indépendance, pourrait servir très-convenablement de contre-poids entre la France et l'Autriche du côté de l'est, comme la Belgique l'est déjà, du côté du nord, entre la France et la Prusse. Elle servirait aussi, au besoin, de barrière contre les empiétemens possibles de la Russie et même de l'Autriche vers le Levant.

L'Autriche aurait motif de se tenir contente de son lot, car, outre l'avantage d'avoir un prince de sa famille sur le trône du Bosphore, elle ferait l'acquisition de provinces étendues, fertiles, placées à sa portée, et comme enclavées dans ses Etats héréditaires, provinces dont la possession lui fournirait un commerce direct, commode et lucratif dans la mer Noire, et, en éloignant tout danger d'envahissement de la part de la Russie dans l'Europe orientale, couvriraient fortement ses frontières là où elles sont le plus exposées.

La Moldavie et la Valachie serviraient à payer à la Russie ses frais et à solder toutes ses prétentions envers la Turquie, en même temps qu'elles fixeraient dans le Danube une barrière forte, inaltérable et définitive contre tout projet d'agrandissement ultérieur, de sa part, vers le Levant européen.

L'île de Sardaigne, maintenant à peu près

inutile et même passive pour l'Italie, lui servirait de boulevard contre les Barbaresques dès qu'elle serait entre les mains de la France, qui d'ailleurs la fécondant de son activité et de ses capitaux, la rendrait bien autrement productive qu'elle ne l'est actuellement, et cela à l'avantage du commerce général des nations. La position de la Sardaigne serait aussi on ne peut plus convenable pour surveiller les intérêts du Levant, et balancer la trop grande influence maritime de l'Angleterre dans la Méditerranée.

Cette acquisition et la réintégration dans son ancien territoire, serviraient aussi pour adoucir en partie le juste regret que la France doit éprouver pour les pertes énormes que les traités par trop hostiles de 1814 et 1815 lui ont imposées, et pour la dédommager du partage de la Pologne, auquel elle n'a point participé.

La France enfin ne verrait-elle pas, dans les arrangemens proposés, l'avantage de reconquérir indirectement son ancienne influence sur l'Italie, influence au reste nullement dangereuse pour le système général, puisqu'elle serait contre-balancée par celle qu'y conserverait l'Autriche, au même titre et sur le même pied?

La Suisse serait amplement compensée de la perte de ses districts ou bailliages transalpins, par l'acquisition concentrique de la Savoie, qui, en barrant le passage en Italie par le Mont-Cenis et le Saint-Bernard, opposerait à la France un obstacle de plus pour envahir cette contrée.

Le cabinet de Berlin ne sera jamais celui qui s'opposera à un pareil projet; il a plus d'une raison d'y adhérer avec empressement, et de l'appuyer de toute son influence.

L'Angleterre n'ayant rien ni à perdre ni à prétendre, ne saurait s'y opposer non plus; satisfaite du rôle influent que lui assignent sa position et ses moyens, elle devrait, au contraire, concourir efficacement à faire adopter et exécuter sans délai un plan si éminemment propre à consolider et perpétuer la paix générale, dont elle a plus besoin que toute autre puissance pour son commerce. Elle doit d'ailleurs se trouver assez bien partagée par ce qu'elle possède déjà dans les deux hémisphères, sans chercher à éveiller davantage la jalousie et l'animosité des autres Etats, en compromettant leurs intérêts, et en contrariant leurs demandes les plus discrètes et leurs vœux les plus légitimes.

Le passage libre par les Dardanelles dans la mer Noire pour tout bâtiment de commerce indistinctement, assurerait aussi indirectement des avantages considérables à la navigation prépondérante de l'Angleterre.

Enfin, s'il n'était question, après tout, que de quelques millions pour la défrayer des armemens que lui a nécessités l'état actuel de l'Orient, on pourrait les mettre à la charge du prince possesseur de Constantinople.

Le congrès n'aurait point à s'occuper de l'organisation intérieure, ni de l'Italie, ni de la Grèce, ni d'aucune autre nation : l'état de l'Espagne en dit assez la raison ; ce serait même là une attribution (pour ne pas la désigner sous un nom odieux) dont il faudrait qu'il se dessaisît d'une manière expresse et formelle, pour ôter aux peuples tout sujet d'alarmes et d'irritation, et tout prétexte à l'ambition de certaines puissances, pour troubler par là l'ordre et l'équilibre heureusement rétablis.

Il serait sans doute à souhaiter que ce congrès œcuménique agissant à rebours de ceux qui l'ont précédé, proclamât formellement et solennellement, comme dogme politique faisant partie du droit public européen, la liberté civile, religieuse et commerciale, pour tous les États de la grande confédération, et même il y aurait urgence pour ce qui a trait au commerce et à la navigation intérieure de l'Allemagne; mais nous craignons que le temps ne soit peut-être pas encore arrivé où cette utopie philanthropique, ce beau mouvement de M. Canning pourrait être mis franchement en pratique en Europe.

Les délibérations de Panama en hâteront peut-être l'époque.

Le public clairvoyant et impartial appréciera facilement ce que le projet qui lui est soumis renferme d'utile et de convenable pour en finir une fois pour toutes avec ces Grecs et ces Turcs, et redonner la tranquillité au monde au moyen de l'équilibre politique.

Les moyens d'exécution seraient faciles, et peu coûteux pour une volonté ferme et unanime, la même qui put réaliser deux fois l'occupation de Paris.

L'Autriche et la Russie pourraient en être chargées spécialement, quant à la Turquie centrale, soit continentale; l'Angleterre et la France se chargeraient de balayer la Grèce et les Iles : dépenses compensées.

Ayant prouvé, comme nous espérons l'avoir suffisamment fait, que le projet dont il s'agit de démembrer et partager la Turquie, est à la fois nécessaire, juste, utile, sans inconvéniens, d'une exécution facile et peu dispendieuse, et éminemment propre au grand but de la pacification générale, nous osons nous flatter qu'il sera accueilli sans dédain par les lecteurs bienveillans et éclairés, et ne sera rangé parmi les songes creux que par ceux qui n'aiment à rêver que le mal.

Ce n'est pas que nous répondions par là qu'il sera adopté et mis à exécution : nous connaissons trop les obstacles que le génie du mal sait opposer à tout ce qui peu le contrarier; nous connaissons la force de l'inertie morale, ou du *statu quo*, qui préside et domine ordinairement les cabinets, quand ils croient n'être pas pressés par l'urgence du danger; mais ici il y a urgence, et c'est à la sagesse des monarques et aux révélations de leur police, que nous nous en rapportons à cet égard.

Mais indépendamment des avantages que nous venons de retracer, sous le point de vue de l'équilibre général, nous en envisageons d'autres bien importans qui seraient comme l'appendice et la conséquence nécessaire de l'adoption du projet qui nous occupe. Nous n'en donnerons ici qu'une indication sommaire.

L'Italie rendue à son indépendance, en même temps que sa sœur la Grèce, dans un système de fédération *toute nationale*, couvrirait de bénédictions le nom des princes à qui elle serait redevable d'un tel bienfait, et au lieu d'être, comme on le prétend, un foyer de conspiration toujours menaçant, une bombe toujours prête à éclater sur l'Europe monarchique, elle offrirait, au contraire, tous les gages de paix et de bienveillance qu'on voudrait désirer, et serait, autant que tout autre pays, intéressée au maintien de la tranquillité générale envers et contre tous ceux qui pourraient la menacer.

Un autre résultat important qu'aurait ce projet, s'il était suivi de l'exécution, ce serait de rendre de nouveau influens, en raison des moyens et de la valeur relative de chacun, ce qui est d'ailleurs de toute justice, les États de deuxième et troisième ordre, qui, depuis douze ans, ne sont plus comptés pour rien dans la balance politique de l'Europe. On les tirerait par là de l'apathie excusable qui les possède et les rend peu propres à servir d'élémens, et à concourir à l'indépendance et au bien être de la grande famille européenne.

Enfin, en posant entre les différentes nations des limites naturelles et difficiles à franchir, ce plan offrirait encore une nouvelle garantie à la durée de la paix, et achèverait de remplir le but principal qu'il se propose.

Les princes, faisant partie de ce qu'on a appelé jusqu'ici, on pourrait presque dire ironiquement, la *sainte* alliance, ne sauraient avoir une meilleure occasion de se réhabiliter dans l'esprit des peuples, et de se faire pardonner tout ce que leur malheureux système de compression a eu de vexatoire et d'odieux dans l'intérêt des nations comme des individus, et on verrait peut-être se rétablir encore une fois la bonne intelligence et la sympathie qui existaient heureusement en 1814 entre les peuples et les rois, et que le génie de la discorde est, par la suite, parvenu à détruire presque complétement.

Puissances de la terre, que doit-on penser de votre conduite envers la noble, l'héroïque Hellène?.... N'entendez-vous pas les reproches, les imprécations, qui vous sont adressés de toute part? Vous ne vous apercevez pas de l'effervescence, de l'irritation qui éclate de tout côté à l'aspect de votre désolante politique? Comment, l'orage gronde sur vos têtes, et vous ne l'entendez pas?...... Vous ne le voyez pas!.... Que vous êtes à plaindre!!!.... Un tel aveuglement serait-il un indice de la colère céleste?.... Écartons ce sinistre présage..... . .

Rois de l'Europe, disons mieux, le beau rôle de Flaminius est celui qui vous est offert, celui auquel vous êtes appelés par la Providence, à l'égard des deux plus célèbres nations du monde. Quelle gloire, si vous l'acceptez! mais aussi quelle honte pour vous, et quels regrets, si jamais vous pouviez le refuser! Un nouvel Antiochus, encouragé par quelque hardi transfuge, nourri dans les dangers comme Annibal, viendra peut-être attaquer, avec de nouvelles forces, la Grèce délaissée; et, après avoir fait de cette terre classique de la valeur et du génie une vaste solitude, où l'on ne trouvera plus que des ossemens desséchés et des ruines, il pourra bien aussi marcher en avant, et venir jusque chez vous punir votre coupable apathie et votre inexplicable hésitation. Êtes-vous sûrs de trouver toujours des Soubieski pour vous sauver? Le sang des Grecs ne criera-t-il pas vengeance?.....

FIN.

www.ingramcontent.com/pod-product-compliance
Ingram Content Group UK Ltd.
Pitfield, Milton Keynes, MK11 3LW, UK
UKHW020457220726
13923UKWH00006B/2598

9 782016 124390